바다로 간 시인

바다로 간 시인

신현철 두번째 시집

그림과책

두 번째 시집 원고를 넘기며
내 마음속엔 만감이 교차한다

지나온 삶을 뒤돌아보면
진흙탕과 자갈길이 많았던 것 같다

이제부터라도
활활 타오르는 가을빛 닮은 그런 길
마음자리 편한 길
이맘때면 꼭 찾아오는 결 고운 바람길
그런 아름다운 길로만 걷고 싶다

언제나 한결같은 시사문단 편집부에 감사의 마음을 전한다

2017년 10월

신 현 철 드림

차 례

1부

2부

3부

4부

1

긴 망설임 끝에
담아 두었던 마음이기에
나로선 더없이 고맙다는 말밖에
아름다운 편지만큼이나

그대가 머문 자리
아름다유 향기가 스며든다

불춤

화려한 도시의 밤은 광란에 가까운
불춤이 시작된다

때론
오지의 어느 골짜기에 불씨를 지펴
길잡이가 되기도 하고

안전하게
신속하게
어두운 구석구석까지도
누구에겐 생명의 빛이 될 것이고
또 빛의 환희로 행복을 지킬 것이다

온 세상의 어둠이 사라지고
밝고 풍요를 기원하며
나의 손에서 안전한 줄을 엮는다

세상의 빛은 불 줄로 시작하며
불춤으로 끝난다

나의 봄

누가
나를 보았으면
어쩌지

염치없이 설레는
파란 이 마음을

진달래
연분홍에

어쩌나
중년에 뛰는 이 가슴을
감출 수가 없으니

바람 불어도 좋은 날

너는 하늘
나는 바람
구름이 몰고 온 훈풍 아래로

채우지 못한
사랑의 목마름은
갈피를 잡지 못했지만

바람 불어 걸림돌에 넘어져도
꽃은 피고 새가 울더라

사랑도 꽃과 같다

이젠 사랑을 느낄 수 있을 것 같아
꽃들도 피기까지의 고통
사랑도 꽃과 같겠지
슬픔이 있는 사랑이 더욱 아름답지 않은가

바람이 분다
라일락의 향기를 느낄 수 있다
사랑도 바람과 같은가 보다
불어오는 곳 떠나갈 곳도 모르지 않은가

계절이 간다
계절의 목소리가 말이 없는 메아리 되어
아련하게 멀어져 간다

사랑도 메아리같이
온 만큼 되돌아가는 것일까

라일락이 핀다

봄이 오는 소리

얼어 있던 땅이 녹아 질펀해지며
작은 영혼들 몸부림이
사부작거리고

양지쪽 햇살이 눈이 부실 때
희망의 기지개는
파란 새움을 틔우고

눈이 부신 매화의 눈 틔움에
환희의 소리는
화려한 봄을 장식하고 있었다

사나이 눈물

그녀를 보낸 이별의 슬픔을 참느라
내 넓은 어깨 들먹이지 못했지만

내 젖어있는 애련한 두 눈을
동이 트는 새벽 먼 하늘에서도 보았다

눈 감고 잠이 들 때까지
먹먹히 흐르는 가슴을 파고드는
이 눈물을
펴낼 수 없었고

흔하디흔한 핑계로
속 좁은 나를 위로하지만

눈물은 강으로 흐르고
가슴 깊이 파고드는 그녀의 미소만
움켜 안을 뿐이다

그대가 머문 자리

어느 햇살 곱던 날
정원 속의 너는 한 장의 사진이 되어
나에게 다가온다

웃음 전해질 것 같은 네 모습
내 마음 쓰린 곳에 고운 입김 불어 넣는다

작은 두 손 곱게 모으고
예쁘게 움츠린 너의 모습은
보고만 있어도 내겐 더없는 기쁨

긴 망설임 끝에
담아 두었던 마음이기에
나로선 더없이 고맙다는 말밖에

아름다운 편지만큼이나
그대가 머문 자리
아름다운 향기가 스며든다

꽃

이름 모를 온갖 꽃들
크고 작은 몸 하늘거리며
아름다운 자태를 한껏 자랑한다
어디서 왔을까
어떻게 살다
어디로 갈 것인지
많은 의미를
내게 던져주고
또 다른 계절 맞이하기 위해
저마다의 특색으로
곱게 치장하고 낯선 이들에게
활짝 웃어 보인다

종소리

긴 파장으로
굵은 줄무늬 원을 그리며
희미하게 옅어지는
잔잔한 울림

봄바람이 살포시 다가와
임의 속삭임처럼
간지러움으로 전한다

천둥이 쳐도 꿈쩍하지 않을
내 심장이 요동을 친다
옆 사람이 들었을까

너로 인해 뛰고 있는
아직은 젊은 피가 꿈틀거리고

작은 종소리 되어
너의 귓전까지 울렸으면

사월의 축제

키가 작은 소나무 아래
진달래가 만발하고
자연이 주는 천연의 향수가
싱그러운 사월

작은 계곡으로
흘러내리는 좁은 물은
그리운 고향 앞마당

나지막이 자리한 야생화
흐드러지게 어우러지고
생명의 실핏줄마다
힘찬 약동의 사월

귀에 들리는 대로
눈에 보이는 대로
읊조려 보니

시가 되고 노래가 되더라

오월의 수채화

늘 마지막이라는
아련한 아쉬움을 남기는

짙푸른 초록의
꿈을 가득 채우고

잎을 틔우고
꽃을 달기 위해

허리를 밝힌 산들이
한 폭의 산수화를 그려내며
각자 주어진 임무에 충실한 듯

한 올 한 올 피어오르는 꽃처럼
오래오래 기억에 남을
사랑 하나를 그려본다

눈이 부신 오월에

그리움

밤에 달이 뜨면
그리움이 밀려옵니다

밤에 별이 뜨면
그리움이 쏟아집니다

이내
새벽이 되어도

나는
밤이 되어
어둠을 헤맵니다

또 하나의 마음

둔탁한 모든 소음
말끔히 걷어낸
간결한 모습으로 자리하고
또 하나의 세상이 내 마음 안에 있다

그 세상에 다가서고 싶지만
조용히 거리를 견제하고

마음 흔드는
그런 세상에

나 또한 자리한다

아침

코끝으로 전해오는
앞산 소나무 향기에 폐 깊숙이
숨을 들이켜 봅니다

아직도 얼어 있는 나뭇가지에
고운 햇살은 따사롭게
아침을 맞이합니다

바람의 음계가
숨어버린 나의 감성을 두드리는
새벽의 이슬이 그리움이었고

그대를 맞이하는 아침에
한 송이 꽃처럼 피어나서
아침을 장식합니다

촌지

떠드는 아이는 어딜 갔는가
텅 빈 교정에
쓸쓸함이 맴돌고

스승의 노래가
울려 퍼져야 하거늘
어찌 이리 삭막하던가

스승은 어딜 가고
제자는 보이질 않는구나
이것이 교육의 현실인가

동심을 멍들게 하는
촌지가 무엇인가
참으로 안타까울 따름이다

망각

모진 비바람 휘몰아쳐도
피어나는 한 송이 작은 들꽃처럼

어디를 가는지 종잡 수 없이
흘러가는 저 구름처럼

이제
그렇게 살아가련다

고단해서 삶은 망각해도
세상과 호흡하며
그렇게 살아가련다

오늘보다 좋은 날

오늘이 있음에 나는 기뻐하렵니다
존재한다는 것에 사는 날들 생활 들판에 새기며
지나간 날의 진실하지 못한 것을
다시 기억하지 않으며
부끄럽지 않은 삶의 웃음을 웃고 싶습니다

오늘 비록 괴로운 일이 더 많을지라도
고통의 모형이 만들어져
태양 앞에 나목처럼 세워졌어도
나는 오늘을 지극히 사랑하렵니다

오늘처럼 기쁜 일이 또 있어도
오늘의 내가 있음을 나는 기뻐하렵니다

오늘이 있으니 내가 있다는 것에 감사하며
오늘도 주어진 내 삶에
최선과 노력을 다할 것입니다

아름다운 사랑 이야기

어느 조용한 강가에
잔잔히 일렁이는 물결 위로
아주 진한 정열의 색으로
어리석음에 부질없었던 소유도 벗어 버리고
사랑을 하나 띄워놓고 싶습니다

감당하기 벅찬 가슴을 억누르며
나를 위해 흘린 작은 눈물까지도 고마워하며
바람처럼 스치는 인연이 아니었음을

아주 작은 기억 하나에도 뜨거운 입맞춤으로
꽃바람 살랑이던 너의 향기
맑은 설렘으로 물에 띄워 본다

아름다운 사랑 이야기 하나를

침묵

갈 곳 없어 이러는 건
나 혼자만이 아닐 거야

할 말 없어 이러는 건
나 혼자만이 아닐 거야

정녕 갈 곳 없고
정녕 할 말이 없어 바보처럼 하늘 보며
슬퍼하진 않을 거야

가고 싶어도 말하고 싶어도
더 바보랄까 봐 아마도
그러는 걸 거야

메모리

누군가의 가슴속에
누군가의 기억 속에서

기억 저장소에
조금이라도 차지한다는 것

잊히지 않고
생각한다는 것
그것이 행복인가 봐

그게 행복한 추억이든
아픈 기억이든

우리만이 갖게 될
추억이기에
너와 나만이 간직할 메모리가 있기에
더 행복하다

봄이 오면

너를 보내고
오랜 세월 그 해법을
찾지 못해 애태우며
많은 시간을 자책했다

너의 빈자리를
채우지 못해
공허한 그리움은 가로등도 없는
어느 길모퉁이를 헤매는지

새소리에 눈을 뜨고
꽃향기 진동하는 봄이 오면
그대 그리움 찾아 길을 나서고 싶다

오월의 풍경

덩굴장미 붉은 채색으로
물들인 오월의 꽃향기가
코끝을 알싸하게 스치며
연녹색의 병풍을 두르고
달콤한 오월의 향기 전해지며
감미로운 詩처럼
화려한 군무群舞는
온통 진녹색으로 물들어가고
숨겨놓은 보물을 찾아
사랑을 더듬어보며
씨알이 여물도록
오월을 씨내려 간다

2

이렇게
나의 어리석음 바다에 던지고
푸른 초록을 가슴에 품고
그보다 더 큰 굴레를 안고 돌아온다

동해의 푸른 바다를
가슴에 안고

나 가련다, 동해로

설악에 익어가는
단풍 향은 바람을 타고
내 가슴에 내려 앉았고

상큼한 짠 내음과 시원한 바람
아름다운 풍광은 한 편의 마음속
작품으로 그려진다

회유하는 하얀 물빛 그리움을
짠 내음 진동하는
동해의 푸른 바다를 덮어 놓고

허공을 나는 갈매기도 놀라
해를 토해내는 새벽

동해의 파도는 하얀 미소를 지으며
소리 내 응원하는
고성을 지나 삼척까지의 아름다운 해안길

나 그곳에 있었다

숨을 쉰다는 것은

아름다운
세상에 내가 살고 있다는 거
자기의 소중한 모든 것을 사랑할 수도 있으며

쓰고 싶은 글 마음대로 쓸 수도 있고
온종일 가고 싶은 곳 걸어갈 수도 있다

때론
살아있다는 것은 슬픈 일인지도
늘 고독해야 하며
떠나는 사람의 뒷모습도 보고 있을 땐

그 모든 것을 감당하기 힘든 쓸쓸함에
억지웃음도 웃어야 할 때도 있겠지만

그래도
이 세상에 내가 살아있다는 것은 행복한 일이다

동해는 나에게1

동해는 나에게 온통
짙푸른 초록빛이었다

가는 곳마다
끝없이 펼쳐진 망망대해

굽이굽이 백두대간의 아름다운 산들

동화 나라 꿈속의 길인 양
이쁜 오솔길 발길 닿는 곳 어디에나
한가로이 풀을 뜯는 양 떼들

초록빛과 어우러져 아등바등 몸부림치며
살아가는 인생을 다시 생각하게 해준다

동해는 나에게
옥빛으로 다가온다
눈길 주는 곳 어디에나
세상을 다 싸 안을 듯 파도치는 바다가
나에겐 옥빛이었다

동해는 나에게2

혹여
풀잎 하나에도 한이 서려
서러운 전설을 가슴에 안고 살아야 하는
알싸한 아픔으로 다가온다

집어삼킬 듯 거친 비가 오는 밤바다는
아무것도 보이지 않는
그저 하나의 검은색 도화지였지만

방파제를 부실 듯 거친 파도와
온몸을 사정없이 휘감는 세찬 빗줄기
그보다 더 사나운 바람은
내겐 짜릿한 전율이었다

이렇게
나의 어리석음 바다에 던지고
푸른 초록을 가슴에 품고
그보다 더 큰 굴레를 안고 돌아온다

동해의 푸른 바다를
가슴에 안고

낙조

용암 같은 붉은 낙조落照가
바다에 그림을 그리면
핏빛으로 부서지며
넋을 잃어버린 갈매기 한 마리
가는 길 잃어 헤매다

거품을 물고 토해내는
석양의 뜨거운 사연을
수평선을 떠돌던 배 한 척에 실어
물질을 하여 본다

눈길 멀어진 외로움에
쉴 새 없이 어지럽혀도

곰살맞은 작은 섬에서
뜨거운 꿈을 꾸어 본다

나에게 너는

어떤
일이 일어난다 해도
널 알지 못했던 그때로
시간을 돌릴 순 없어

이미
난 너를 무척 좋아하게 됐거든
작은 설렘으로 시작해서
끝내 변하지 않는 사랑으로 남기를

자꾸
하늘만 바라보고 싶고
멀리 뛰어가고 싶은
설레는 마음만 가득하고

이 세상
시간이 멈추기를
우리 안에 멈추기를

대구뽈찜을 먹으며

닥치는 대로 잡아먹고

나오는 대로 뱉어버리는

무소불위無所不爲의 입

입은 칼이다

입은 똥구멍이다

정치꾼 같은 아가리

구린내 나는 입

죽어도 다물지 못하는

허궁 같은 저 입

돌계단

이 몸 죽어
다음 생에는 돌이 되고 싶다

한 계단 한 계단 오를 때마다

돌계단이 되어
힘들어하는 그대들의
발뒤꿈치라도
들어줄 수 있었으면 한다

장마1

후두두 후두두 떨어지는 빗방울은
마른 대지 위에 내려앉아
흙 젖는 냄새를 전해준다

이렇듯 궂은 날에는
두런두런 이야기를 안주 삼아
마음이 맞는 벗과 함께
마시는 소주도 괜찮을 텐데

서울의 밤은 깊어만 가고
숨소리조차도 죽어
사방천지 적막강산이구나

오랜만에 보는 산 능선은
어디가 하늘이고 어디가 능선인지
분간조차 할 수 없다

장마2

얼마나 화가 났는지
소리도 요란하게
밤새워 줄기차게 내린다

날이 밝아오는지도 모르게
새벽녘 그리움에
몸부림을 치며 울부짖는다

무엇을 버리려고 하는 것일까
무엇을 씻어 내려는 것일까
퍼렇게 날이 선 상흔

감당하지 못하게 넘칠까 봐
해가 되어 눈물이 될까 봐
빗속에서 반추해보는
상념의 시간이다

빗소리

가늘고 여린 손가락들
온종일 처마 위에서
피아노 건반을 두드리는구나

한 번에 한 음을 치고는
처마 아래로 곤두박질치기도
밤이 되어 내리는 비는
듣는 이의 가슴마다 심금을 울린다

많은 악기 소리가 아름답다 한들
하늘이 주신 자연의 소리만큼 아름다우랴

밤마다 울어대던 풀벌레는
빗소리에 놀라 자취를 감추고
저 조명마저 끄고 나면
창을 닫아 빗소리도 죽이고

음악 속에 몸을 맡겨
늦은 밤 긴 상념에나 잠겨 볼까나

돌들의 상처

말이 없는 돌은 늘 생각하지 않은
말에 상처를 받는다

설익은 사람의 말들이
모난 돌보다 두려운 것을
너희는 아느냐

세상을 얼마나 살았다고
너희가 돌을 아느냐

설익은 너희의 말 때문에
돌의 가슴은
온통 먹빛으로 변한다는 것을

별

유년시절 아련한 추억처럼
애틋한 그리움으로
하나둘 세어 보는 작은 별

티도 없이 맑았던
나의 꿈도 포부도
이 세상 모든 것이 내 것이었건만

너의 작은 손이
내 손안에서 잡힐 때
길고 긴 별똥별은 흐르고 있었다

잊지 않으리라

너에게 난 무얼 보여줄 수 있을까
나를 바라보는 친구여
나에게 넌
해가 아니라 달이라 말하고 싶다

정열적인 빛으로
세상을 비춰주는 것이 아니라
너의 얼굴을 보며
서툰 글이라도 몇 줄 쓰며
외로운 자신의 희망이라고

혹여 네가 나에게 멀어지더라도
사과 반쪽을 씹어내도
결국 사과인 것처럼
너를 잊지 않으리라

웃음소리가 들리지 않아도
피의 흐름이 느껴지지 않아도
진실이 아니었더라도
너를 잊지 않으리라

술 이야기1

한잔 술을 따르고 보니

술잔을 가득 채운 건

너를 지우지 못한 그리움이고

술잔을 내려놓기 전에

앞가슴을 파고드는 건

너의 짙은 향기 진동하는구나

술 이야기2

부어라 마셔라
널브러진 사나이들의 구수한 입담에
안주는 세상살이
힘든 가장들의 어깨를 짓누른

목숨을 건 하루 일과에
나를 놓아버리기도 하면서
한 잔의 술로 풀어본다

부어라 마셔라
목젖 짜릿하게
온몸에 술기운이 돈다

주제는 자식의 장래지만
안주는 보장되지 못할 노후에
내 인생을 걸고서

무아지경으로
목 안쪽으로 밀어 넣는다
또
내일을 위해

술은 술이로세

마약으로 중독된
술에 취한 기분으로
세상에 젖어

내 생에
가슴을 뜨겁게 달구었던
젊음의 뒤안길에서

목이 아프게
울컥거리며
숨 가쁘게 살아온 날들

한잔의 술잔에 담아
마셔 보니
모두가
내 짠 눈물이었구나

술 한잔 그리움 한잔

웃음 한 번에 널 안아보고
눈물 한 방울에 널 보내고
손짓 한 번에 널 밀치고
거짓 하나에 널 속이고
욕심 한 번에 널 지웠다

마지막으로 사랑 때문에 내가 울었다

재회

너와 나의
힘든 세상에 잠시 흘렸던 눈물이
아픔이 아니었기를

좀 더 성숙해져
기쁨의 만남을 위해서
서로가 노력하는 중이라고

비록 오늘 부는 바람이
춥고 쓰리고 고독해도
내 가슴에 영원히
지워지지 않을 낙관 하나를 찍는다

목숨을 지켜 사랑한다고

떨어지는 꽃잎

꽃잎이 피어나는 것은
고운 햇살 때문이다
와이셔츠 깃처럼 도도하게
치켜세우던 자존심

바라보는 영혼에 하얀 순수

고운 햇살 맞으며
시멘트 블록 위로
하늘하늘 떨어져 내리고

발자국에 이지러지며
흩어지는 멍든 미소

꽃잎이 죽어가는 것 역시
고운 햇살 때문이다

섬 이야기

부서지는 태양 아래
주체할 수 없는 정열로 태워버린
작은 섬의 여름 이야기

바람이 머물 수 없었던 이유는
내 운명 같은 이야기가
바다와 같이 예측할 수 없기 때문이다

등줄기 땀 비 오듯 해도
용광로 같은 뜨거운 내 정열을
젖먹던 힘까지 다 태워버린 날

홀로 남은 섬은
갈매기가 목메게 불러도
석양은 수평선 너머
말없이 떠나 버렸기 때문이다

희망

너를 사랑한다
말할 수 있다면
아무 곳도 못 가게
아주 큰 나무에 꽁꽁 묶어 놓고 싶고

표현하는 내 말이
잘 포장되지 못해 허술하여도

너 때문에 삶의 끈을 놓아 버릴 수 없어
잡초가 무성해도 꽃을 피우며
부실한 나무에 알찬 열매 하나 맺고 싶다

태양과의 싸움

태양은 모든 것을 익히며 구워버린다
양심의 가책도 없이 푹푹 삶는다
과하다 싶을 정도로 뜨거운 바람에
사우나 한증막은 상대가 안 된다
웅크릴 그늘조차 없으니

그래도

그곳에 적응한 사람이 살고 있지만
우리한테는 말 그대로 생 불지옥이다

방장산方丈山

노령산맥 자리 잡은 유서 깊은 역사를 지니고
서해로부터 불어오는 시원한 바람을 맞이하는
우거진 수림 깊은 골짜기
계절마다 다채롭게 갈아입는 옷에
전국 산객의 발길을 유혹하며
전남 장성과 전북 고창, 정읍 경계에 높게 솟아
내장산 서쪽 능선 중
가장 높이 솟아 있는 아름다운 봉우리

3

차 한 잔에 가을을 타서 마실 수 있는
맑은 아픔이 흐르는 시냇물의 이야기여도 좋고
떠나는 사계를 아쉬워하며
내 영혼의 그림자 씻어
투명한 가을 하늘에
밝은 코스모스 한 자락을 피우는

친구야

있잖아
살아보니 이런 친구가 그립더라
부담스럽지 않고 자연스러운
할 말 다 할 수 있는 아주 편안한
그런 친구가 너였으면 해

친구야 있잖아
살다 보니 이런 친구가 최고더라
가끔 한 번씩 전화해서
다정하게 내 이름 불러주며
자상하고 편안하게 다가오는
그런 친구가 너였으면 해

언제부턴가
그런 친구가 그리워지는 걸 보면
나도 어쩔 수 없는 중년인가 봐
내가 가끔 핀잔을 줘도
다 받아주는 네가 참 좋더라

슬픈 독백

바람결에 하늘거리는
연분홍 꽃잎 한 장에
당신의 향기로 가득 채우고

목 놓아 불러보고 그리워서 울고 보니
꾹꾹 눌러쓴
편지 한 장이 눈물에 찢겨진다
메아리 없는 독백이
다시 돌아오지 못한다 하더라도

수만 번 되새기며
지독한 상사병을 앓고 있습니다

그대와 차 한 잔을 마시고 싶다

만추 된 우리 사랑으로 녹인
부드럽고 그윽한 향기

진한 블랙으로
단둘이 차 한 잔을 마시고 싶다

조금은 불편하더라도
둘만이 앉을 수 있는 의자라면
언제 어디서라도
희희낙락 알아들을 수 있는
우리만의 언어를 구사하며
두 눈을 마주 보고 싶다

오늘처럼
황량하고 고독한 밤이면

그대가 그리워질 때
더욱 진한 커피 향이
그리워진다

그리움 하나

가끔
힘이 들고 외로울 때
내가 너의 이름을 불러 본다

사랑이라
네 이름을 정해 놓고
아침에 눈을 떴을 때도
눈을 감고 잠이 들 때까지
내 멋대로 너를 부르고 있다

끝과 끝을 알 수 없었던
우주를 알게 했고
별도 달도 없는 까만 밤에도
그대 그리움에 사랑으로

선택

너와 나
친구란 말은 없어
모른 척 돌아서든지

아님
미치도록 사랑해야지
너와 나 사이 싫다는 말은 없어
처음부터 아니던가

아님
너무나도 좋아하는 거지
나는 선택했어
미치도록 사랑하고
너무나도 좋아하는 걸로

언제나 나의 벗이 되기를

우리에게 정말 소중한 건
살아가는데 필요한 많은 사람보다는
단 한 사람이라도 마음을 나누며
함께할 수 있는 마음의 벗입니다

어려우면 어려운 대로
기쁘면 기쁜 대로 슬프면 슬픈 대로
내 마음을 꺼내어 진심을 이야기하고
네 마음을 꺼내어 나눌 수가 있는 친구
그런 마음의 벗이 간절히 그리워지는 날들입니다

참 좋은 친구
참 좋은 이웃
참 아름다운 연인이 되는
시원하고 맑은 청량감 넘치는
삶을 살았으면 좋겠습니다

사랑이란

사랑이란 가슴에 묻어둔 보랏빛 첫눈
내리기 전에 녹는다 하여도

태양처럼 부르기 전에 본 것처럼
보내기 전에 떠나가는 것

다시 볼 수 없다 하여도
한 손으로 마음을 가리고
또 한 손으로 작별 인사를 하는 곳

그리움이 한없이 넘쳐 버려
내 안에 들어있는 그대에 대한
나의 마음인가 보다
힘없는 그대의 목소리 들으면
미워했던 그 두 배만큼 그대가 보고 싶구나

내가 그대를 생각하는 시간만큼
그대가 웃을 수 있는 시간이었으면 좋겠어
그런 바람으로 난 이 순간도
그대를 생각하고 있다오

바다로 간 시인

시인은 바다로 갔다
하얀 물거품이 뭉개진
흔적이 흩어진
구멍이 숭숭 뚫린 갯벌에

바닷물이 들어오기 기다리는
바다에 시인은 서 있었다

그림자도 얼어버린
매서운 바닷바람

막대에 엉켜있는
찢긴 그물도
물들어오기를
기다리는 배 한 척

나를 대신하는 것 같다

지나가는 바람이기를

문틈 사이로 보인 조그만 하늘에
문득 너의 얼굴 비친 듯했다

활짝 열린 하늘보다
이렇듯 좁은 공간에서
너의 흔적 하나라도
나에게 있어 너는 말 못 할 그리움으로

엄지손가락 하나만으로도
가릴 수 있는 하늘에
너를 닮은 하얀 뭉게구름이 지나간다

이제는 쓸쓸히 걸어가야 할
내 발자국 끝에

낯선 바람은 빨리 지나가기를

가을이 익어간다

작은 창밖엔
가을이 익어간다
천고마비의
계절을 실감케 한다

보고 싶다
사랑한다
황금빛 들녘의 사랑스러운 수다
빨간 고추잠자리 맴도는 가을
새들은 더 높이 올라
행복의 속삭임을 노래하고

환한 미소 하나
내 가슴에 스며들면
술도 취하지 않은 내 얼굴
화끈거리고 쿵쾅거리는 심장
굵어진 내 나이테를 무색하게 한다

신호등

안전 운전과 방어 운전을 한다지만
앞지르기와 차선위반이 난무하고
무조건 끼어들어 깜짝 놀라면서도
나도 틈만 나면 끼어들며
먼저 가기를 행하고 있다

우리네
사람이 살아가는데
신호등 지시에 따라
느림의 미학으로
보내주고 기다려주는
배려와 양보가 먼저이면
난폭한 사고와 폭력이 줄어들고
아름다운 사회가 될 텐데

가을엔 이런 사람을 만나고 싶다

갈색빛 물든 쓸쓸한 빛깔이어도 좋을
깊어가는 가을을 함께 바라볼 수 있는
가슴 속에 풍경화 하나를 같이 그리고 싶은 사람

추억의 그림자를 밟으며
떨어지는 낙엽 위에 그리움의 낙서를 할 수 있는
이야기를 들어줄 그런 사람

차 한 잔에 가을을 타서 마실 수 있는
맑은 아픔이 흐르는 시냇물의 이야기여도 좋고
떠나는 사계를 아쉬워하며
내 영혼의 그림자 씻어
투명한 가을 하늘에
밝은 코스모스 한 자락을 피우는

가을엔 이런 사람을 만나고 싶다

현장

땅을 다지고 다듬어
천둥번개 내리쳐도 꿈쩍없을
철근을 심고 기초를 하여
바람을 막아줄 벽과 기둥을 세우고

어느 누가 살게 될지
상상할 겨를 없이
전기가 들어와 불을 밝히면
건물이 탄생하고 집이 완성된다

멋진 건물에
화려한 조명
사나이들의
피와 땀의 결정체
또 하나의 멋진 작품으로
탄생한다

그대의 정원

가을날 그대 오기를 기다려 봅니다
하늘은 물감을 풀어 놓은 듯 청명하고
밤하늘은 그대 오시는 길
길잡이라도 되어 주려는 듯
환한 보름달이 비추고 있다

어느새
나뭇잎은 한잎 두잎 탈색되어
낙엽이 되어 어디론가 목적을 두고
동행 따라 떠나가겠지만

가을 정원의 푸르름을 가꾸어
그대 고운 숨결과 사랑으로 담아

그대여 언제라도
내 마음 상자에 들어와
그대 소중한 마음을 가을 정원에 가득 채워 주시길

영등포 노숙자

지난날의 흔적들 보이지 않고
파란 물감 모두 날려버리고
앙상히 떨고 있구나

아무도 그들을 보듬어주는 이 없고
허공엔 무심한 생각만 잡힐
모두가 사라져 버렸네

저 남루한 몸
긴 인생의 강 건널 수 있을까
종이 상자 반 장에
신문지 한 장 의지하며
이 밤을 보내는구나

늦은 후회

철이 지난 텅 빈 의자를 바라보니
바람에 쓸리는 낙엽 하나 뒹군다

이왕 사는 거 걸림돌 없이
아름다운 사랑을 하고 싶었지만
좋을 때 소중함을 몰랐던
뒤늦은 깨달음에 철이 없어서인지

늘 다 주었다고 생각했지만
뒤늦은 후회를 해본들
아직도 뛰는 가슴에
그대 떠나간 쓸쓸한 계절

잘 가라는 말 한마디
입가에만 맴돌 뿐이다

꿈

골바람이 늪에 빠져 허우적거릴 때
차가운 계절을 탓하며
그리움의 무게만을 더해주는
어제의 긴 밤이 시작될 때
초록의 입맞춤에 한 줄 긋는다

내 삶의 기교에
희열을 느끼며 홀로 배운 경지에
미친 듯이 느낌에 따라서
너와의 춤을 춘다

늘 가까이 하지 못하는
가슴을 치는 고독에
깨어나지 못할 꿈을 꾸고 있었다

가을 서곡

때론 느낌만으로
뒤돌아보면 그대가 있었다

언제나 내가 볼 수 있는 적당한 거리에
말하지 않아도 가슴으로 와 닿은 눈빛

때론 한평생을 그대로 있어도
괜찮을 것 같았던 공원의 벤치이거나

인적 없어 쓸쓸하고 어두운 골목에
등불처럼 그대는 항상 서 있었다

더 깊어지기 위해서는
더 외로워야 하는가

가을 저녁노을처럼 서성이며
새벽어둠처럼 미소를 지었다

그 이름 하나만으로

아주 작은 기쁨은
큰 행복을 만들어주고

소박한 일상
지나가는 말 한마디라도
작은 마음으로 감동을 주고

쌓인 날들처럼
사랑은 달콤하게 익어만 가고

그 이름 하나만으로
시가 되고
눈물겹도록
아름다운 노래가 된다

10월의 풍경

선명한 색의 조화로움
자기주장을 또렷이 하고
무엇이든 다 태워 버릴
붉은 기백이 엿보이고
10월의 풍경은
혈기 왕성한 젊음을 가지고 있다

도시의 오염에 미리 말라 버린 잎새
눈물이 나기도 하고
제 몸 태워 불 밝힌 촛농처럼
붉게 채색되어
그 어떤 고백이라도 다 들어줄 수 있는
너그러움을 10월과 함께해 본다

가을 중독

짙푸른 녹색은
마약에 취한 듯
빠르게 중독이 되고
젖먹던 힘을 다해도
헤어나지 못해
붉은 각혈을 토한 듯
핏빛의 단풍잎 하나

앙상한 가지에 걸터앉아
마지막 발버둥이다

시인은 사계절 바람이 난다

각가지 예쁜 꽃을 봐도 사랑을 하고
살을 태우는 폭염에도
정열의 힘을 다해
온갖 정성을 쏟고

산에 들에
단풍 들면 좁은 가슴을
미칠 듯이 또 불태우고
그 사랑이 가면 이별을 경험하고

사랑에 취하고
낭만에 취하고

가을의 길목에 선
이 계절에
또 한 번의 이별을 택할까
사랑을 택할까

4

노을이 지는 붉은 하늘에
석양이 유난히 슬퍼질 때
아,
중년의 그림자가 길게 늘어진 갈림길에서
내가 서 있나는 것이
목이 아프게 울컥거렸다

손톱

딱딱한 세포로 이루어진 작은 손톱
그 손톱이 내 몸이 싫다고 떠났어요

너무 혹사한다고
붉은 물을 흘리며 떠났어요

다시 생기기까지는
많은 시간이 걸리겠지요

다시 자랄 때까지의 아픔과 고통도
인내해야겠지요

이제 다시 새 손톱이 돋아나면
지금보다 더 아끼고
잘해주어야지

현장에서

콘크리트 벽 사이로
매섭게 불던 찬 바람은
어느덧 사라지고
사나이들의 거친 숨소리로
일터의 온기를 불어넣던
불 깡통은 이미 고철로 나뒹군다
채 다듬지 못한 콘크리트 창틀
햇빛엔 뽀얀 먼지가 무지개를 그리고
퉁퉁 탕탕 드르륵 쾅쾅
겨우내 만들어진 콘크리트 뼈대에
치장을 하며 옷을 입히기 한창이다
겉과 속이 아름답고
멋진 모양으로 변신하면
이곳도 많은 사람이 모이는
만인의 궁전이 되겠지

낙엽

길가에 커다란 플라타너스 낙엽에
운치를 느끼며 낭만에 취하여
오늘도 거리를 걷습니다
하지만
왠지 한기만 느껴집니다

얼마 후면 저 가로수들도 앙상한 가지만 남겠지
이런 생각을 하며 걸으니 또 슬퍼집니다

그리움을 잡고 싶어서도 아닙니다
추억을 잡고 싶어서는 더더욱 아닙니다

괜스레 떨어지는 낙엽을 보니
코끝이 시리고 가슴이 찡해 오며
떨어지는 낙엽 속에 묻히고 싶어집니다

저승사자

사고 잦은 곳에
사거리 모퉁이 자리 잡고 있는
일명 저승사자 견인차
저승 갈 차가 없는지
사고 나길 기다리며
대기하는 중인가 보다

사고가 났다 하면
불법 유턴에다
그야말로 날아오듯 현장에 도착한다

소중한 나의 애마
견인차 따라 저승 보내기 싫으니

나 자신을 위해서라도
안전운전 교통법규 잘 지켜
운전대를 잡는다

사계의 그리움

꽃바람이 천지를 휘날리던
잔잔한 밤
별들도 내 가슴에 쏟아지던 날
고운 임 품에 안고
까마득한 우주를 날고 있었고

피가 끓는 젊은 청춘
타는 갈증은 푸른 바다에
그리움으로 담아두고 싶다

인생에 가장 좋은 나이라
작은 조각의 추억이라도
언제나 마음 안에서
꺼내어 볼 수 있도록 담아 보고

서로가 존재한다는
사실 하나를 하얀 설원에
두 발자국으로 남겨 보련다

서울야곡

네온사인 오색 불빛이
하나둘씩 밝혀질 무렵
수유리의 연탄 화로 고기 굽는 집

잘 익은 고기 한 점에
싱싱한 상추 한 잎
손 위에서 춤을 추고

자욱한 연기 속에
맑고 고운 이슬은
마주 앉은 짝과 건배를 한다

미련 없이 보내려 하는
마지막 남은 달력 한 장을 동반한
서울 밤하늘은
깊어만 간다

그대 향한 바람이고 싶다

그대 어디 있든지 고운 내음 찾아
살포시 깃들 수 있는 바람이 되고 싶다

움찔 한기에 놀라지 않게
군불아궁이를 한 바퀴 휘돌아 춤을 추고
싸한 마음이라도 전할 수 있는 그런 바람

언제 다녀간 줄도 모르게
그대 곁을 빙빙 도는
먼지도 날리지 않는 고운 잔바람

소나무 떡갈나무 어느 땐
짚 내음이 느껴지거든
그대 그리움이 스쳐 가는지 아시길

아름다운 영혼

내 영혼은
우주를 떠돌아

나를 찾지 못하고
헤매고 있을 당신을 위해
아름다운 별이 될 거야

사랑하는 당신을 위해
은하수로 다리를 만들고

무인도 같은 작은 별에서
예쁜 집을 짓고 꽃밭을 가꾸고
언제가 꼭 찾아올

당신을 기다릴 거야

어머니

사랑한다
사랑한다
늙으신 노모의 입에서 먼저 나오는 말

다정한 말 한마디
제대로 하지 못하고
굵은 주름 가득한 손만 잡고는
나이만 먹은 이 자식
찡한 마음만 추스르기 바쁩니다

해가 지고 뜨는 아름다운 풍경 뒤로
내 어머니의 그림자가 점점 꼬부라지는 걸
이제야
눈에 들어오는 것인지
가슴만 칠 뿐입니다

어머니 당신을 사랑합니다

백합처럼 고우셨던
미소가 아름다우셨고
언제나 나를 부르셨던 음성은
눈을 감으면 더 포근했습니다

바쁘고도 험한 이 세상
힘내라
기운 내라
언제나 든든한
내 편이셨습니다

깊게 파인 거친 손마디
훈장처럼 달고
늘 자식에게로 향하시는
굽은 허리

어머니 당신을 사랑합니다

여보 죽을 때까지 당신만 사랑합니다

사랑한다는 말이
너무 흔하디 흔한 말일지라도
더 좋은 단어를 알지 못해

이렇게라도
그저 사랑한다는
그 말밖에는 할 줄을 모릅니다

늘 보고 싶습니다
습관처럼 한다고 하지만
습관은 아닙니다

당신이
내 옆에 있어도
내가 멀리 있어도
지금껏 변하지 않은 마음입니다

사랑하기에
한순간도
당신을 잊은 적이 없습니다

즐거워 눈가에 미소를 머금을 때도
당신의 영상이 떠올라
한껏 웃을 수 있습니다

당신을 사랑합니다

예쁜 나의 두 공주님

이가 나려고
침을 졸졸 흘리고

예쁜 입술은
무슨 말을 하고 싶은 걸까
늘 옹알옹알했고

두 눈은
무얼 보고 싶었던 건지
늘 똘망똘망

이제
아빠보다 더 장성해 버린
너희들에게 이 세상을 다 준다

세상을 다 보고
세상을 다 가져라

예쁜 나의 두 공주야

북한강 문학 축제

다듬고 다듬어
한 알의 씨앗이
여물어 싹을 틔우던 날

한 방울의 물에
생명 같은 작품이 탄생하여
나는 어깨를 펴고
구름 위를 날았다

아름다운 시어들이
고운 옷 차려입고
단장하고 치장을 하고

감춰 둔 속내를
다 담아
한 편의 작품이 탄생할 때
지금 나는
첫사랑 그때의 두근거림에 설레고 있었다

도시의 광대

짙은 화장에 우스꽝스러운 모습
항상 즐거운 표정을 지어야 하는
광대의 모습

힘들어도 웃어야 하고
내색할 수 없는 각박한 현실
그것이 내 자신의 모습인가

아니
우리네 가장들의 모습이 아니던가
목숨을 건 난간 타기에
외줄 하나 중심을 잡고

오늘도 내일도
나는
사랑하는 가족을 위해
언제나 그렇게
도심 속 광대로 살아가야만 한다

안부

요즘 어때
하는 일은 잘돼 가는 거지

험한 이 세상
각박하게 숨이 막혀 살기 어려워도
그저 허허하고 웃는다

나이 들어 몸은 어때
건강한지 물어오면

내 몸 나이가 들어
아직은 할 일이 태산이라
그저 이 나이도 청춘이라고 우기며

허허

방랑자가 되어

직업이 공사 현장 일이라
경상도 전라도
지역을 가리지 않고
떠돌이가 된다

머리 아픈 설계도 따라
안전모를 쓰고
전깃줄을 잡고
아슬아슬한 난간대에
목숨 줄을 맡겨두기도 하지만

이 현장이 끝나면
사랑하는 아내를 만난다

이 공사가 끝나면
이쁜 내 새끼들을 만난다

내 나이가 어때서

중년에 풍만한 인격을 지니고
줄기차게 피워대는
끊지 못한 담배를 입에 물어
아내의 걱정을 늘 외면하고 싶었다

어느새 흰 머리카락이
눈에 띌 정도를 지나쳐 하얗지만
자꾸 치고 앞지르고
뒤따라 오는 젊은이들에게
밀릴까 염려도 하지만

먼저 보내는 거야
좀 기다려 주는 거야
오랜 경험으로 쌓인 연륜으로
늑장을 부려보기도 한다

내가 산다는 것은

속절없던 욕망에
눈이 부셨던 내 젊은 청춘도

허기진 마음을 채우고
엉켜버린 실타래 같은
시간도 풀어 간다

예고 없이 내린 소낙비에
준비 없던 우산이 간절했을 때
살아가는 과정이라
인고의 수행이라
비도 맞고 바람도 안았었다

노을이 지는 붉은 하늘에
석양이 유난히 슬퍼질 때
아,
중년의 그림자가 길게 늘어진 갈림길에서
내가 서 있다는 것이
목이 아프게 울컥거렸다

전기

옛날
어려웠던 그 시절에
기술 하나 있어야
먹고 산다고
어머님의 그 말씀 받들어
전깃줄을 잡았다

남자는
아무리 어려운 시련이 닥쳐도
한 길만 가야 한다는
아버지의 그 말씀 새기며
수십 년이 되어도
놓지 못한 전기가

가정의 평화이기도 하고
노후 보장이기도 하다

놀이터

아파트마다 놀이터는
최고급으로 잘 지어져 있다
하지만 요즘 아이들은 바쁘다
너무 바빠서 놀 시간이 없다
그네가 항상 그대로 서 있고
미끄럼틀은 아이들 손때 하나 묻지 않고
깨끗하다

아이들을 기다리는 놀이터는
그저 서운할 뿐이다
혹여 이대로 녹이 슨 건 아닐지

그곳에 가면

항상
고운 미소가
환하게 편안함을 준다

아주
달콤한 설탕이 어우러진
커피 향이 나를 사로잡는다

언제나
작고 예쁜 소녀 같은
여인이 있는

그곳에 가면
나이를 잊은 채로
시간이 멈춰 버렸다

사우디에서1

사우디는 참 이상한 나라다

인구는 2,700만에 땅덩어리는 우리나라의 27배 되고
남자는 하얀 원피스 스타일의 옷을 입고
여자는 검은 원피스를 입고 눈만 내어놓고 모두 가리고 다닌다
공원의 화장실을 갔더니 소변기가 없어서 여자 화장실인지 알고
깜짝 놀라 나와 보니 남자가 맞다
아, 여기는 남자가 원피스를 입고 다니니 앉아서 볼일을 보는구나

내 차 옆으로 운전자 없이 차만 굴러가는데
너무 놀라 쫓아가 보았더니 10살도 안 돼 보이는
애가 차를 몰고 달렸다
이곳은 여자는 운전하면 안 되는 곳이라
남편이 나가면 아들을 운전 가르쳐서 타고 다닌단다

차 사고가 나면 자국민 우선으로 받히더라도

자국민이 우선이고 인명사고가 나도
우리 돈 2,000만 원 공탁 걸고 바로 차 끌고 나간단
다

그러니 운전이 개판이야 좌회전에서 있다가
획 하고 우측으로 들어오기가 일쑤고
평균 속도가 150~170이더라고
그래서 나는 현장에서만 차를 몰고 다닌다
출퇴근은 제 삼국인 드라이버로 다니기로 했다

그리고 부인을 얻으면
집을 하나 지어야 하는데
이곳은 한 집에 5명의 부인이 함께 살고 있으니
한 집에 방이 10개가 넘는다
여자는 집안에 가둬 두고 사육하는 것 같았다
여자들은 대부분 밤에만 공원에 나오고
몸매들은 무슨 고릴라가 걸어가는 것 같았다

사우디에서2

한 방에 약 7~10명이 생활을 하는 제삼국인들은
아침이면 비닐봉지에 걸레 빵을 담아 털레털레
회사에서 제공하는 버스를 타고 줄줄이 현장에 도착한다
입구에서 경비들의 출입 카드 검사를 받고
각자 자기네 회사 막사로 향하는 모습이
수천 명의 패잔병들의 모습이다

참고로 우리 회사는 삼국인들이 약 700명 한국인의 감독하에
체조를 하고 각자의 일터로 간다
일을 할 때나 먹을 때나 약자들의 모습은 어쩔 수가 없나 보다
가끔은 나도 한국인들이 정말 너무한다는 생각을 하곤 한다
못사는 나라 애들이라고 욕을 해가며 엄청 무시하고
속된 말로 개나 돼지 취급을 하며 일을 시킨다

이들은 한 달 내내 일을 하며 받는
월급이 이곳 돈으로 약 1000리알 정도이다(우리 돈 30만 원 정도)

야간작업을 해야 자기네 나라에
천원 정도 송금하고 아침저녁은 사서 먹는단다

내가 받는 이곳 물값이 약 800원이다
나는 그 돈으로 담배 사 피고 나머지는 애들에게 쓴다
(참고로 내가 데리고 일하는 애들이 약 60명 정도이다)
월급이 제때 나오지 않고 한 달 두 달 밀리다 보니
애들이 굶고 출근을 하고 저녁도 물로 때우는 애들이 태반이다

나는 우리 애들 지갑 보여 달라며 열어보면
텅 비어 안쓰러운 마음에 가끔은 애들에게 5~10원씩 주곤 한다
나는 천성이 욕을 잘 안 하는 성격이라
이곳 애들은 최고의 보스라고 말한단다
(참고로 한국인들을 보스라고 함)
무조건 윽박지르고 잘라버리고 욕을 해가며 시킨다고 잘 하는 건 아니다

애들 중에도 반장급이 있고 중간급이 있고 심부름하는 애들이 있다

반장급(포맨)에게 해야 할 일을 잘 설명해주면 잘하는데

그렇게 짐승 취급을 하며 시켜야 하는지 참으로 안타까운 일이다

그리고 가끔은 나도 이 곳 생활에 회의를 느낀다

제 삼국인들은 방글라데시 네팔 인디아 파키스탄 그리고 필리핀인들이다

겨울산

설악의 칼바람이 8부 능선을 타고 내려오면
초록의 잎새는 어느새
홍조를 띄우며 서서히 붉게 물들어간다

산속의 다람쥐 형제들
겨우내 먹을 식량 조달에
분주하며
엄동설한에 견딜 수 있는
보금자리 또한 보수에 한창이다
하얀 설원의 꿈을
가득 안은 설악은
벌써 꿈에 부푼 듯 쿵쾅거리며
겨울 왕국을 꿈꾼다

산 위에 하얀 눈꽃이 절정을 이루면
땅속에는 또 다른 계절에 피어날
생명체들이 꿈틀거린다

이것이 피고 지는 자연의 법칙 아니던가

그림과책 시선 167

바다로 간 시인

초판 1쇄 발행일 _ 2017년 10월 25일

지은이 _ 신현철
펴낸이 _ 손근호

펴낸곳 _ 도서출판 그림과책
출판등록 2003년 5월 12일 제300-2003-87호

110-814 서울 종로구 통일로 272, 210호(무악동, 송암빌딩)
[무악동 63-4 도서출판 그림과책]
전화 (02)720-9875, 2987 _ 팩스 (02)720-4389
도서출판 그림과책 homepage _ www.sisamundan.co.kr
후원 _ 월간 시사문단(www.sisamundan.co.kr)
E-mail _ munhak@sisamundan.co.kr

ISBN 978-89-94753-65-2(03810)

값 10,000원

이 도서의 국립중앙도서관 출판예정도서목록(CIP)은 서지정보유통지원시스템 홈페이지(http://seoji.nl.go.kr)와 국가자료공동목록시스템(http://www.nl.go.kr/kolisnet)에서 이용하실 수 있습니다.(CIP제어번호 : CIP2017026505)